JN411066

하늘을 만드는 여자

문학의전당 · 시인선 113
하늘을 만드는 여자

초판인쇄 2011년 5월 15일
초판발행 2011년 5월 22일

지 은 이 이성의
펴 낸 이 김충규
펴 낸 곳 문학의전당
출판등록 제387-2003-00048호(2003년 9월 8일)

주　　소 121-718 서울특별시 마포구 공덕2동 404번지 풍림VIP빌딩 202호
전화번호 02-852-1977
팩시밀리 02-852-1978
블 로 그 http://blog.naver.com/mhjd2003
전자우편 mhjd2003@naver.com

I S B N 978-89-93481-93-8 03810

하늘을
만드는 여자

이성의 시집

自序

쉼 없이 흐르던 내면의 물기들이

꽃잎으로 꽃잎으로 지다가

어느새 씨 한 톨 허공에 떨어진다.

항상

나를 향해 서 있던, 앞산의 넉넉함을

다시 채우리라 다짐한다.

2011년 오월
이성의

| 차례 |

1부

2부

3부

4부

1부

한 알의 씨앗은

한기를 쏘옥 밀어 올리는 싹이 있다
노오란 그리움의 시작
한 잎 두 잎 나풀거리던 생각의 꽃잎들이
길의 시작을 묻고 있다

연잎 사각이는 소리 무성한 그 숲을 지나
울퉁불퉁 걸어 들어가던 그 길의 처음을 지나
하루의 끝에는 언제나
외로움과 희망이 뒤범벅되곤 하였지

그리고 천천히 천천히
사랑 하나씩
아픔 하나씩 가슴에 묻으며
이상하게 걸어가는 사람들의 뒷모습을
오래도록 떠올리며

열매 맺기 전 꽃들이 피기 전
혼자 떠내려가며 사무치던 그 깊은 눈물의 의미를
한 알의 씨앗은 이미 알고 있는 것이다

투명함에 대하여

비가 내리는 오후
유리를 닦는다
세상 들며 날며 묻혀 들인 그림자
흙탕물에 질펀히 멍든 마음의 얼룩을 함께 닦는다

저기 저 가로등
불빛 환히 들어오고
싸리나무 울타리
꽃잎 또르르 떨어지고

투명해지도록 닦는다는 것은
나를 빤히 들여다보는 일이다
곡절 없이 드나들던 골목골목의 진드기들을
마구 마구 뱉어내는 일이다

쪼그리고 앉아
굵게 울고 있는 유리알에 이마를 대면
막 내려서는 저녁별 하나

유리를 닦는다는 것은

내 유년의 적요 같은
마음에 섬돌 하나 조용히 간직하는 일이다

봄, 그 시작을 위한

거실에는 온통 프리지아 꽃향기가 엎질러져 있었는데
풋내 나는 기억들이 폴짝폴짝 길을 건너가고 있었는데
나는 엎드린 채
한 가지 바람의 방향으로도 길 열지 못한 채
긴 공명의 시간을 앓는다

나지막이 나지막이
또 한 번 생을 밟고 가는 사람들
포슬포슬한 땅 위로 걸음을 옮겨놓는 시간
가난한 집과 집들은 불을 밝힌다
골목에는 어질게 비틀어 올리는 향기

나는 겨우내 머물렀던 습성習性 한 줄기
아름답기만 하던 고독의 오랜 산문을 내려선다

두물머리
그 먼 기다림의 끄트머리에서 또 하나의 물음을 시작하는
봄, 그 아름다운 몸짓

동거

파도 많은 바닷가 암벽 위
화초 하나가 눈에 띄어
한 움큼 흙과 함께
집으로 데려 왔다

혹 낯설지나 않을까
집 한 채를 마련해 보금자리를 꾸며주고
노심초사하였는데
왠지 힘이 없어 보이고
파도 소리 물새 소리 들리는 고향 생각에 젖었는지
종일 넋을 놓고 퍼질러 앉은 모습에
마음을 조여 맸다

내일은 다시 데려다 줘야지, 다짐만으로
하루 이틀
한 달을 어루만지다 보니
누가 화초인지
언제 내 안의 사랑이 절반쯤 건너갔는지
마음속에 심어 둔 새 순들을
한창 밀어 올리고 있었다

도시의 얼굴

1. 권태

그들은 날마다 도시의 밀림 속에 두 팔을 벌리고 밤이면 만삭의 몸을 풀어 헤친다 뻥 뻥 뚫려 버린 시간과 시간 사이로 허기져 흐르는 강 오래도록 갇히어 온 갈증은 어둠 위의 휴식마저 덜어내고 있다 그들은 가끔 강이 되어 흐르고도 강이 벗는 울음소리를 모른다 날마다 날마다 그어가는 선 위로 야윈 아침을 얹어 놓을 뿐이다.

2. 절망

뽀얗게 일어나는 새벽을 헛기침 몇 번으로 풀어내시던 나의 아버지들이 어디론가 사라지고 없다 둘레밥상머리 그들을 지켜가던 자리엔 더 이상 해가 떠오르지 않는다 날마다 태산을 펌프질하던 어머니마저 산을 내려오고 있다 집들이 열흘씩이나 문을 잠그고 발소리를 내지 않는다 이제 싱싱한 여자들의 자궁 속에서도 별들은 자라지 않는다.

3. 희망

그들은 날마다 이마 위 가을 하나씩을 매달고 텃밭에다 꿈을 뿌린다 빨강 노랑 파랑 삶의 프리즘을 통과한 빛깔들이 시간의 물줄기를 따라 꽃을 팔랑거리기 시작한다 온갖 꽃들이 거리마다 씨를 옮겨 담는 사이 창문이 열리고 길은 다시 이어지고 정갈한 냄새들이 식탁 위로 오르내린다 마침내 지구는 해빙을 시작하고 기다리던 그들의 저녁 별들이 다시 반짝이기 시작했다.

분수

밤 인파 사이로 물길이 치솟는다
온갖 무지갯빛 의상을 입고 하늘로 하늘로 솟아오른다
낮게 높게
둥글게 엇갈리게
구부렸다 폈다
누웠다 앉았다
일상의 행렬들이 뒤섞여 춤을 춘다
그래 삶은
끝없이 오르다가 언젠가는 떨어지고야 말지
서로 끌어안다 헤어지고
서로 등을 돌리다 다시 만나고
그래 삶은
무리지어 오르다 언젠가는 홀로
물안개 되어
사리지고 말지

낯선 수평

어디선가 한 번쯤 본 듯한
걸음걸이 헐렁한 저 노인
오전 내내 땅만 내려다보다
천천히 걸음 옮기고 있다
한 걸음
겨우 또 한 걸음
시공을 채우듯
낯선 행성을 내려서듯
온몸으로 과거를 밀어내는 달팽이,
너무 빨리 달려온 것일까
추슬러 담지 못한 노오란 떡잎 같은 날들의 아쉬움
생은 저토록 무거운 것이었을까
먼 여행길의 오고 가던 높낮이여
간이역을 따라 스치듯 가버린 시간
이제 가만히 가파랗던 그 시간의 벽을 내려와
수평을
한치 어긋남 없는 수평을 그어가고 있다

골목

결이 고운 문자가 들어왔다
아직도 심장 안에 머무는 작은 막대자의 눈금들
바라보는 시선들은 어둠처럼 차가운데

탱탱한 눈빛 사이로 떠오르는 얼굴
하마터면 잃어버릴 뻔했던 목소리
기억의 날개 저쪽으로 사라졌던 그녀가 돌아오고 있다
한여름 밤을 스쳐가는 한 줄기 장대비는
온갖 스모그에 얼룩진 날들을 깨어나게 한다

오 내가 사랑했던 발자국
날을 세워 기다린 적도 무턱대고 올 리도 없었던
우리들의 낯선 거리
그녀가 나의 골목을 내려서고 있다
언제부턴가 나도 골목이 되어 있었던 것이다
더 늘어날 줄도 더 줄어들 줄도 모르는
나만이 깊어져 버린 골짜기

능소화 붉은 줄기 사이로 여름이 가고 있다
왔다가 가고 왔다가 지는

차가운 내 인연처럼

기다림

무엇인가 되고 싶소
그 무엇인가가 되고 싶소

눈 내리는 겨울 들녘에 쏟아지는 저녁 종소리
봄이면 피고 지는 향연의 꽃들

숲에 서면
숲의 깊이로 울리는 새들의 지저귐처럼

돌비석 여여한 자리
한 자락 바람으로 남는

무엇이 되고 싶소
그 무엇인가가 되고 싶소

이방지대異邦地帶

나는 가끔
완벽이라는 추상에 걸려 자빠지곤 한다
그 자국이 크면 클수록 좁아져만 가는 생
허물어지는 시간을 만난다
아무도 오지 않는 저녁이면 골목에 혼자 우두커니 서
폐부 깊숙이 지나가는 세상 바람을 생각한다

그들에게 가장 알맞은 옷들과
그들에게 가장 알맞은 헤어스타일과
그들에게 가장 어울리는 신발들
그리고 그들의 알맞은 웃음소리와
가장 알맞게 걷고 다니는 그들의 벗들과

내가 알지 못하는
내가 걸어 가 보지 못한 그들만의 둘레
낯선 골목 낯선 보도블록의 냄새들이 회색빛처럼 깊어만 가는
길 저편으로
나의 골목이 마구 달아나고 있다

시계

긴 바늘 침 속으로
하루가 새어나가고 있다
단맛 나는 아침잠이 찌개냄비에서 보글거리고 있다
밤새 휴식을 깔던 검은 구두 갈색 구두가
차례로 사라져 버렸다
건넌방 피아노 소리도 바람만 남긴 채
나를 쓰러뜨리고 떠나버릴 것이다

또박또박 건너가던 유년의 글 배우기처럼
일 년 전에도 불어오던 골짜기의 연한 바람처럼

길에서 또 다른 길을 더듬는다
쉴 수도 멈출 수도 없는 절름발이 두 다리를 휘청거린다
언제 닿을지 모를 먼 길
시지프스*의 언덕길을
오르고 있다

* 시지프스Sisyphus : 그리스 신화에 등장하는 인물. 신을 속인 죄로 산 정상에 도달하면 제 무게로 끝없이 굴러내리는 바위를 다시 산 정상까지 밀어올리는 형벌을 받음

강가에서

강변에 거친 숨소리 들린다 실버들 드문드문 바람을 빗질하고 여린 억새 해바라기 하얀 개망초 하늘에 길을 내고 있다 저 너머 밭고랑엔 풋고추 가지 호박 오이들이 땅을 향해 넝쿨을 올리고 작은 늪에는 물뱀과 붕어들이 날름날름 허공을 핥아 내린다

물살 건너가던 숭어들 가끔씩 세상을 번쩍번쩍 들어 올리고 작은 바위벽 어린 소라 떼 전생의 까만 기억을 기어오르고

강변 작은 길에는 아직 멍들지 않은 어린 돌멩이들 흙속에 몸을 반쯤 묻고 생은 낮게 엎드리고 그저 흘러 흘러갈 뿐이라고

겨울산책

누런 잔디 위로
은빛 햇살이 두 귀를 걸고
빈 나뭇가지 사이로 순결하게 다가서는 겨울
나는 바스락거리며
숲이 열어주는 그 은밀함을 밟으며
산길을 걷는다

날마다 아스팔트를 걸으며
날마다 벽돌냄새 시장가를 지나치며
조금씩 조금씩 풍화되어 간 나의 어린 철새들
내가 휘감고 온 치맛자락
규격제품의 사람들이 쌓이고
온갖 발효하지 못하는 거품들이 미끌거리고

언젠가는 내려놓으리라는
아득히 깊어만 가는 약속들을
숲은 아침부터 경배를 올리고 있다

흙과 잔디들이
절반씩 허리를 내놓고 수행을 일삼는 동안

길을 건너오는 파릇파릇한 경구經句들
내 안에 콸콸거리던 큰 물길 하나가
겨울을 사냥하고 있다

선암사 가는 길

바람을 찰랑거리며
은행잎 노란 저 골목을 빠져나가면
아직 멍들지 않은 흙과 자갈이 숲 속에 길을 낸
선암사가 나온다

내 마음 한 모퉁이 가만히 피어나는 들꽃 한 송이
여리고 어린 것들이 물빛처럼 흘러 고이는 그곳
긴 여름 건너온 담쟁이의 푸른 날들이
저녁 종소리로 물들고 있다

왔다가 가는 길
먼 나뭇가지 사이로 세월의 강물소리 들린다
골짝에서 홀로 묵상하는 사람이여
바다로 가는 길이 어디쯤인지
어디서 돌아 어디로 흘러가야 하는 것인지
잃어버린 줄도 모른 채 떠나가 버린
내 소중한 들꽃들이여

세차

세차장에 들러 먼지를 씻는다
자동차 거죽 위로 비눗물을 찍어 바르고
브러시에 물을 섞으며
쉼 없는 어제와 오늘을 물로 섞으며
골목골목 돌아 나온 도시의 황사들을 밀어 내린다
언제 세상을 말끔히 흔들어 보았는가
겹겹으로 껴입었던 세상 옷들과
무시로 밀고 다닌 작은 말들을
언제 바닥 깊숙이 흔들어 보았는가
떠밀고 떠밀리다 두꺼워만 가는 얼룩
그 빛바랜 시간과 시간 사이를
오늘은 물을 섞어 헹구어 내고 있다

2부

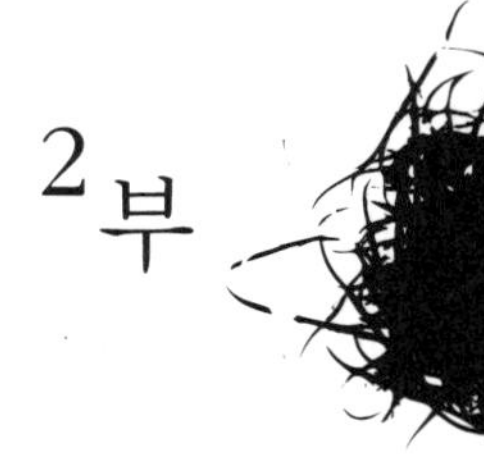

회상

어제는 오랜만에 친정집에 다녀오는데
차창 밖에는 온통 아카시아 향기 질펀하고
도로 가장자리 노란 장다리꽃들이 군데군데 피어
눈이 맑은 작은 소녀 하나 데불고 얇게 피어
흐물흐물 허물어지고만 흑백사진 속 향기 하나쯤 곱게 데불고 피어

하늘을 만드는 여자

그녀는 오늘도 그 자리에 있었다
커다란 눈망울로 이 골목 저 골목을 끌어당기며
살집 도톰한 시간을 헤엄쳐 가고 있었다

날고 싶었다
생이 가장자리를 조금씩 넓혀갈 때마다
찢기고 멍든 상처들이 세월의 등성이에 물들어 누울 때마다
날개 하나씩 달고 싶었다
작은 골짜기를 훨훨 날아 대양을 건너고 샛강을 따라 천천히
누우면
빨갛고 노란 꽃들이 피어날 것만 같아
피어날 것만 같아
어머니 열 달 뱃속을 채운 아가의 첫 울음
그 그리운 안간힘으로

언제 찢기어질지 모르는 불법체류 부피 얇은 옷으로
낯선 세상 낯선 불볕의 땅을 수도 없이 날아오르고 있다
과일 가득히 실은 3톤 트럭의 향기로 하루 종일
하늘보다 더 높은 그녀의 하늘을 이어 대고 있다

날갯짓 처음 파닥이던 하늘 그 가까이로

길 하나를 보았어

오월 안개 같은
길 하나를 보았어

여기쯤에
이른 아침 하얀 풀꽃들이 덮이는 논두렁이 있고
저기 밭 고랑 너머로 좋아하는 제비꽃 붉은 자운영이
흐드러지게 피었어
어머니의 살결을 닮은 하얗고 보드라운
버드나무 숲 바람소리도 있었지

수놓은 무명 앞치마
실크 머플러를 살포시 두른
고향이 걸어오고 있었어

이사

바람 좋은 날 이사를 한다

쭈글쭈글 세월 먹어버린 물소가죽 소파와
맑은 햇살이 통째 굴러다니는 피아노
굵직굵직한 온기를 하늘로 밀어 올리던 나의 나무들이
창을 넘어
높은 허공의 층계를 넘어
더 넓은 약속들이 희망 사이로 굴러다니는
모서리 없는 새로운 땅에
모종을 시작한다
한동안 삽질소리는 요란할 것이다

하나둘 낯설음이 땅에 묻히고
가지가지 물방울소리 다시 엉키고
울퉁불퉁한 길 위로
지상의 모든 꿈들이 부풀어 오를 때까지

아름다운 전설

겨울 들어
하늘 한 자락을 구겨 넣고 살았더니
새벽이면 허리가 시큼시큼 아파오고
옷을 걸치면 이리저리 흘러넘치는 뱃살로
몸도 마음도
만사 앙상한 바람소리 같아서
오슬오슬 한기에 시달린다
이 요란한 오탁악세五濁惡世를 건너가고 있노라면
곳곳에 엎질러지는 게 사람의 속임수요
곳곳에 쌓이는 게 집 없는 거짓말인데
그곳을 비집고 두 발 버젓이 걷다보면
언제 들이닥칠지 모르는 주먹질이라
입이 열 개라도 바른 구실하지 못하고
다리가 백 개라도 바른 길 나아가지 못하니
이러고도 흙에서 나온 곡식 부끄럼 없이 먹고
태양에서 얻은 열매를 달게 먹으며
세상을 마시며 지배하며 그냥 즐겁게 살아가는 것이라고
바람막이를 하던 언덕은 이미 잊은 지 오래
무성한 잎들이 주는 여름날의 안락만 세상의 이치인 듯
그늘은 뭉그러져 가는 제 뿌리의 아픔을 알지 못한다

언젠가 나뭇가지에도 흐린 바람이 들고
단풍 들기 전 잎사귀 일없이 휘날리니
어디에 영한 삼신 할멈 찾아 찾아서
하늘의 섭리를 물어 볼 것인가
한치 앞밖에 모르는 얄팍한 셈이여
눈부신 햇살 반짝이는 아침 돌아오거든
태양을 따라 그림자를 거느리고 가는
태백산 마고의 전설이 아니더라도
가슴 깊이깊이 흘러내리는 전설
그 이전부터 묻었던 아름다움이여

그로 인하여 태어남을 원망하지 않는 것이다

노숙자

서울에서 마지막 열차를 타고 부산역에 닿으면
영 시 사십오 분 계단을 타고 밤을 따라 오르면
세상이 아득하도록 무서운 터널 하나를 만난다

겨울 삭풍을 견디지 못한 거리의 잎새들이
밤하늘의 별이 되지 못하고 쓰러지고 마는 밤
나의 걸음도 한기 속으로 쓰러져 가고 있다

저들도 한때는 온기 있는 요람에서
햇살이 반짝인다는 것을 알았을 텐데
저들도 한때는 그들의 들길을 걸으며
한없이 아름답게 물드는 저녁노을을 만났을 텐데

이미 몸과 마음으로 걸어다니지 못하는 그들
산다는 먼 화두마저 지구 바깥으로 놓아버렸는지
더는 기워 입고 갈 마지막 기다림마저 벗어버리고 말았는지

밤을 통째 구부리고

리어카, 골목을 빠져나오다

매일 오후 서너 시쯤이면
리어카 하나 집 앞을 지나간다
햇살 가득히 지붕에 얹은 집채 하나가
하루를 채워 줄 주인을 따라 긴 외출을 나선다
인적이 많은 사거리 한 모퉁이
노란 비닐 벽으로 세상 바람을 치고
물고기 밤늦도록 바다를 유영한다
추마 끝 작은 백열등 꼼지락꼼지락
정월 대보름달을 향해 달리던 어린 소년의 콩닥거림을 훔치고
마주 앉은 꾼들의 술잔에 빠진 세상사
센 불에 달달 볶아지다 뜨거운 김에 중탕이 되다
흐느적 흐느적 갈 곳마저 잃어버린다
굉음어린 밤을 부둥켜안은 황갈색 담장에
세상 굴러가는 소리 뉘엿뉘엿 바퀴 속으로 저물어 갈 때야
리어카, 부스스 부은 하루를 절뚝거리며
어제의 긴 골목을 빠져나온다

탑돌이

판에 박힌 듯한 핼쑥한 얼굴들이
지하 에스컬레이터를 타고
낮게 엎드리고 있는 하루의 손잡이를 잡는다
누렇게 닳아버린 오늘이라는 숫자를 찾아
허둥지둥 시간의 문턱을 내려 선다

특별히 달라질 것도 좋아질 것도 없는
나지막한 하루
그 틈과 틈 사이에서 꽃들이 진다
바람을 따라 휘 휘 돌던 낯선 모자들
잠시 발끝을 세우다 마는 자리
소음 속으로 가라앉았던 어제와 또 다른 어제가
기억의 소매 끝으로 되살아나고

또 하루가 시작되고 있다

이름 석 자

당신은 멀리 있어
부르기엔 너무 멀리 있어
동그란 이름 석 자
내 강가에 닿지 못하네

언제나 내 안에 흔들리는 너는
낯설은 조각배
어제와 오늘이라는 선착장에서도
쓸쓸히 해후하지 못하네

당신은 멀리 있어
부르기엔 너무 멀리 있어
동그란 이름 석 자
내 입술에 닿지 못하네

그 숲 속에는

저 길 건너
내가 좋아하는 숲이 있다
플라타너스와 벚나무 맑은 무화과 잎들이
서로 눈빛을 벗는 곳

노인은 허리를 굽혀 하루 종일 아이에게 입을 맞추고
사람들은 하나 둘 오래된 벽을 빠져 나온다
등 뒤로 숨었던 몸짓들이 길 위에 뒤뚱거린다

숲에는 하늘과 구름과
바람이 산새처럼 푸드득거리는 둥근 세상이 자라고 있다
세상을 좇아가는 무수한 별
마음속에 걸치고 있던 낡은 장신구들이
타인의 거리를 빠져 나간다

숲 속 그늘 위에는
여러 갈래 견고한 길
뭇사람들이 흘리고 간 파릇파릇한 씨앗들이
푸른 꿈을 꾸고 있다

호숫가에서

오랜만에 그를 만났다

그냥 놓아두라고 했다

바람이 스치듯
눈물이 고요하듯

인사동에 가면 뒤태가 살아난다고 했다

집에 가면 버르장머리가 먼저 허리를 편다고

가고 옴이 나무 한 그루
한 그루 나무라고

그냥 놓아주라고 했다

사월엔

바람결에 꽃잎이 우루루 구른다

물방울 소리도 따라 구른다

분홍빛 햇살 사이로
아이들의 웃음소리가 재갈거린다

꽃다운 미소, 사월엔
눈과 귀를 소곳이 열어
더 이상 허무를 깜박이지 않는다

흐드러지며 숨는
그의 지난날을 묻지 않는다

오월

강과 하늘이 푸른 숲에 몸을 벗는 오월,
녹슬어 가는 마음에 빗장을 열자
푸른 언어들이 바다처럼 출렁거리고
드러누웠던 시간들이 꽃잎처럼 일어나고
아름다운 시간
이 우주 공간에

멀리 어두워만 가는 너의 골목을 그저 바라보기만 하였다
방문을 깊이 걸고 바깥을 내다보지 않았다
밤이 되면 하얀 박꽃 속에 하늘이 내려와 숨는다는 걸
그 속에 피부색 고운 내 아이들이 자라나고 있다는 걸
금세 알지 못했다

오월은 내 잠든 오후를 흔들어 깨워
두터운 외출을 시작하려 한다
가자 별들이 쏟아지는 하얀 대지에로
오래된 나무와 푸른 숲에서 흘러나오는 이야기
웃으며 뛰뛰며 고함치며 가자

내 아름다운 저녁은

내 아름다운 저녁은
불 땐 가마솥 구수한 밥
타다 만 잔불에 석쇠 얹어 간 갈치 굽고
데쳐 무친 가지나물 풋고추 아린 된장국
양념젓갈 쪄낸 호박잎에 싼다
밤이면 흘러내리는 별빛
사이사이 피고 지던 세상의 이야기들
멀리 별들 사이로 새벽은 다시 돌아오고
사람들은 모두
한 우물에서 목을 축인다
그리운 사람아
가고 없는 나의 사랑아
흐르는 시간의 조각배를 타고
인연은 가고
인연은 또 오고

그 해안가에 가면

그 해안가에 가면 보인다
나이 많은 군함이 종일 가슴을 드러내고
소금기보다 더 짠 그의 바다를 풀어내고 있다
오래도록 말려둔 가슴속 고래들을 일일이 들어올린다
붉은 녹이 슬도록 묶여버린 바다
안구 깊숙이 들어온 바다는 가슴까지 길을 뚫는다
밧줄을 던지고 대포를 울리고 한 무더기 한 무더기
가파르게 묶어 올리던
그 거친 날들의 희망
이념의 폭포수 위로 뜨겁게 산화되어 간
젊은 날의 슬픈 양지여
그림자를 따라 펄펄 끓기만 하던 바다는
가지런히 몸을 눕히는 파도를 따라 누워
하얀 염분기로 떠내려가던 그날의 사랑이
꽃으로 피었다
천수국 벤자민 페츄니아
나팔꽃 덤불 사이로
푸른 바다가 출렁이고 있다

아침 소묘

이곳에서 바스락 저곳에서 바스락 바스락
소리와 함께 시작된 하루는
시간의 물살을 따라 돔방돔방 도마질을 나선다
거실에 닿은 햇살 몇 줄기를 잘라내
각방으로 날라다 주고
천정으로 솟는 하얀 김을 따라
희망이란 걸 뽑아올린다
그래, 오늘도 얼굴을 맑게 씻어야지
새로운 느낌이 손금 사이로 건너가는 걸 보아야지
도마질 하나가 햇살을 물고 찰랑거린다
음향과 볼륨을 풍성하게 섞어낸 토스트와 모닝커피 한 잔
아침의 공간 위로 수직과 수평이 팽팽히 줄을 잇는다
햇살을 포개며 커 가는 작은 포물선 하나가
길을 건너가고 있다

3부

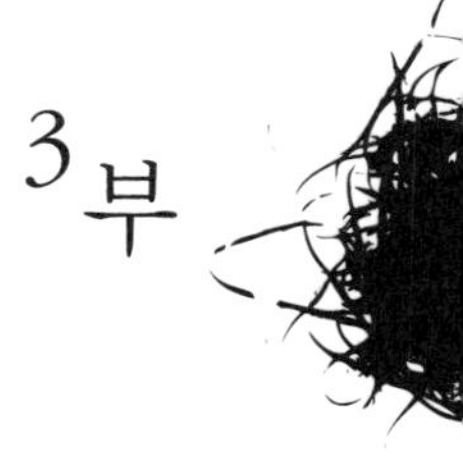

사막이야기

내 안에 너를 가두고
언제나 사막이야기를 했다

파마 이야기와 예쁜 옷가지들이
모래바람 터널을 걸어 나왔다

풀 한 포기 물 한 모금 촉촉이 씹어 보지 못하고
까칠한 오후를 꾹꾹 눌러 담고 있었다

세월은 가고 있는데
나를 만나야 할 시간은 레일 위를 휙휙 달려가고 있었는데

아무리 채워도 허기만 커져가는
상실의 비릿한 과육들

이미 알면서도 돌아눕지 못하는
늙은 낙타의 긴 목마름이여

밤이
사막을 건너고 있다

어떤 만남

원두커피 향 녹녹히 흐르는
시골 어느 찻집에서
화장기 없이 만난 두 사람

어디서 어디까지 흘러왔는지
어디서 어디까지 닮아왔는지
미처 알지 못하는 낯선 길 어귀처럼

한 번도
발목 깊이로 떠내려 가보지 못한 그 찬연한 설레임
첫눈 같은 사랑을
연거푸 손을 부비며 애써 태연한 척
내리던 눈발은 점점 더 커져만 가고

멀리 서 있던
어렴풋한 길 하나가
나를 밀고 들어섰다

단풍잎 쌓여가는 거리에

단풍잎 진다
길 위에 또 다른 길이 고인다

어느 하늘로부터 한 무리,
한 무리 바람의 조각들을 쌓아
가지가지 푸름의 골짜기 강을 건너
비탈진 언덕길을 넘어

이야기 소리 밤낮없이 웅웅거리고
만남과 헤어짐의 넓이
그 막막한 부드러움과 아픔의 계곡을 천천히 지나
가난한 불빛들을 화안히 켜고 누웠는가

사이사이 뚫고 가던 순환의 아름다운 무늬들
내 키 낮은 울타리마다 훤히 벗어 걸어도 좋을
무성한 시간의 언약들이여

저 아름다운 마을엔
누가 밟고 가도 좋을 틈 하나 만들어 놓았는가

거울 속의 여자

가끔은 높은 둥지에 얹혀사는
새이고도 싶어서
온 세상 자유로이 넘나드는 새이고도 싶어서
하루에도 열두 번
마음의 문을 나서 보지만
나에겐 날개자락이 없다는 것을 알아
열었던 창을 닫는다

열여섯 그릇 작은 화초와
돌확 금붕어 세 마리
내게 낯설지 않은 글귀 몇 토막 훌훌 떠다니는 오후
차마 뱉어내지 못한 욕 한마디
가끔 어쩌다 비워가는 생의 찌꺼기들을
낡은 일기장 펼치듯 더듬거려 본다

휘어영 휘어영 언덕배기를 넘어가는
가파른 시간들의 축제
이제야 나는 말을 움츠리고
세월의 깊이만큼이나 깊숙이 물러나 있을
거울 속의 한 여자

그녀의 빈 공간을 풀어 헤치고 있다

봉정암 가는 길

세상 빛 가을 속으로 물드는 오후
물소리 밟으며 백담 계곡을 오른다

타박타박 건너가던 시간의 무성한 잎들이
노랗게 쌓여가고 있다

낙엽을 따라 걷는 길이 지고네르바이젠*
귀에 익던 선율 같아서
멈추어 서고 멈추어 선다

흘러 흘러도 보이지 않던 세월 속 약속 하나
가도 가도 멈추지 않는 기억 속 재 한 줌을
서둘러 끄집어낸다

날마다 흔들어내던 껍질 속 언어들이
조약돌 사이를 지나
이브의 아침을 걸어가고

세상을 이어가는 모든 바람과
중심을 향하여 흐르는 붉은 혈액들이

저 아름다운 낙엽들의 통로 속으로 함께 흐를 수 있다면

깊이 오를수록 투명해지는 언덕
인연들이 단풍처럼 가벼워지고 있다

* 지고네르바이젠zigeunerweizen : 사라사테Sarasate의 바이올린 독주곡

무지개

해거름 맑게 기우는 여름날
서산에 지는 노을빛을 보았나요
찰싹찰싹 밀물 사이로 건너오는 저녁
서쪽으로 서쪽으로 밀려가는 사람들의 발소리를 들었나요
출구 하나 보이지 않는 생의 끝없는 모래밭
홀로 날다 간 갈매기의 가녀린 어깨 위를
얇게 얇게 저며 떠내려간 저 야트막한 물소리 들으셨나요
내가 웅크린 오두막
작은 미루나무 숲 사이로 눈뜨는 나의 참새 떼여
꽃잎 사이로 시드는 저녁
어느 날인가 불어 재끼는 바람소리는
희망의 무지개 하나쯤 걸고 오는가
오 그리운 나의 성자여

바다로 가는 사람들

다대포 가는 길에
어린아이를 사이에 두고 천천히 걸어가는 부부를 보았다
한 사람 또 한 사람
물방울을 퉁기어 큰 포말을 이루는 바다를 본다
발가벗고 있는 바다의 온전한 몸뚱아리를 본다

싹을 틔우기가 무섭게 무성해가는 바람,
바람의 잎사귀
그에게로 천천히 옮겨가는 나의 마음을
조금씩 거리를 메워가는 가로수를 본다

한 사람 건너 또 한 사람
보이지 않는 줄을 당기며 걸어가는 사람들

태풍

바람비 치는 날
흰 압박붕대 맨 머리 희끗한 남자
온몸 지팡이에 기대어 흔들거린다
사지 뒤틀리도록 세상도 저렇게 어긋나고 있었던지
찢어진 우산 속으로 자꾸만 비를 맞는다

(여느 집 남정네 일 년 벌이가 평생 모은 누구네 재산보다 크다 하고
누구네 새끼는 고액과외비 적금처럼 부었더니 앞날이 앞산 이마보다 더
훤하다 하고 누구네 누구는 새 핸들 잡은 지 삼 년도 안 돼 고급 신형 차
또 빡빡하게 돌려야 한다 하고—)

새끼들 가슴에 혹 멍울이라도 지울라
한 꺼풀 두 꺼풀 세상이 입혀주는 압박붕대 칭칭 감고
가슴에 바람길 숭숭 내고 있던 그가
어느 날인가
안에서 솟아오른 열풍 걷어내지 못하고 밖에서 부는 세풍
밀어내지 못하고

온몸 바람으로 일렁거릴 때
그 바람은 기둥을 타고 천정마저 마구 흔들어
반신 오두막에는 허탈한 웃음만 펄러덕거린다

태풍에 찔린 꽃이 마저 피지 못하고 시들어 간다
흙더미에 깔린 사람의 길이 자꾸 어둠 속으로 넘어진다

양촌 아지매
—49재에 즈음하여

새들은 창공을 날아오르고
한낮은 저리도 아낌없이 푸르른데
우리 양촌 아지매는 가고 없다

음력 구월 초나흘 새벽 다섯 시
세상이 막 빛을 당기는 시간
헐거워질대로 헐거워진 생의 마지막 길목
오래 머물던 습성들이
하나하나 껍질을 벗어냈다
가지가지 뻗어 오르던 담쟁이의 푸른 날들이
그 다음의 아침을 기억해내지 못하고
낙엽 되어 흩어졌다
(구석구석 그녀를 타고 내리던 삶의 용해제들이
힘을 잃고 쓰러져 버렸다)

빨간 댕기로 꼬아내린 세월
아직도 걸러내지 못한 신혼의 단꿈
학도병으로 끌려간 열일곱 자라나지 못한 사랑을
날마다 꿈꾸며 손꼽으며 기다렸는가

그녀가 내려놓고 간 시골집 하늘가에는
봄 내 그려 넣었던 화선지 가을 위로
우리 양촌 아지매
여든여섯, 세상의 매듭이 풀려나고 있다

초가을 아리아
–조수미 공연에 부쳐

긴 원피스
높은 샌들을 신고 그녀를 보러갔다
가슴속에 말려둔 한 떨기 바람
거친 숨소리 밀려다니는 폭풍 그 전날의 밤을

나는 초목을 탐색하는 긴 목의 사슴처럼
슬픈 아리아
그녀를 더듬기 시작했다
고랑과 고랑 그 깊은 숨결 사이로
긴 강이 흐른다

삶이 지독히 무덥기만 하더니
허연 두피가 오래된 방석 속 같기만 하더니
경계를 허물고 나붓이 떨어지는 현기증
꾸룩 꾸룩 몸속에 잠겼던 노여움이
한 겹 한 겹 껍질을 벗는다

오늘은
거울 한 번 보지 않고도
사람과 사람의 긴 강을 건너가고 있다

수초의 꿈

몸 크기로
하늘을 엎드려
누군가의 그늘이 되려 하는가

몸 크기로 세월을 엎드려
누군가의 시가 되려 하는가

기둥 내려 집 짓지 못한
타향 나그네들의 천막 속에서
하늘의 약속을
손끝으로 열어간 그것은
진정한 고뇌의 춤이었구나

혼란의 미로를 지나 잔걸음
여물고 나면
물결 속에는 바람만이 남아
물결 속에는 자갈 굴리는
소리만 남아

홍옥

좁은 눈매 사이로 실가지 사이로
분홍빛 미소가 덤불덤불 흘러 내렸다

푸른 대지의 오뉴월 살갗보다 더 탱탱한 속울음
철부지의 아픔을 덜어냈다

어느 날인가
파란 하늘에 튕겨져 오른 핏방울 한 올

첫서리 내리고도
태양빛은 올록볼록 입을 다물고

밭에는
농부의 웃음소리가 데굴데굴 구른다

동양화

내 휴식 한 모퉁이 그림 하나 있다

한낮을 부지런히 걸레질 할 때에도
무시로 오르내리는 클래식 은빛 선율 속에서도
간간이 나를 훔쳐가는 커다란 정적 하나

나이 어린 나무들이 숲 속으로 걸어가는
길이 있는 그림 하나 있다

길 앞 시냇물이 흘러가고
산벚꽃들은 화폭 넓이로 봄을 붉게 에워싸고
멀리 산허리 맑게 벗어나는 운무
아! 한낮은 키 작은 들 빛들로 꿈틀거리지

산인山人은 오늘도
비스듬히 저물어가는 절망 하나 화폭 속에 담그고
한 잎 두 잎
사라져 간 옛 그림자를 건져 올린다

서울행 KTX

하얀 아카시아 향기
깊이 곤두박질 놓는 오월
서울로 가는 기차에 몸을 싣는다
어머니 굳은 손바닥 손금 같은 가리마
솔잎 머리칼을 이마 위에다 출렁거리며

나는 황홀경의 바다에 풍덩 빠져버렸다
걸머진 망태의 미세먼지마저도 무겁던
삶의 매너리즘을
바람 한 겹으로 쏘아 올린다
날마다 비상을 꿈꾸면서도
단 한 번 날아보지 못하는 새
진화하지 못한 사유들이
터널 속에서 머뭇거리다 다시 방향을 되찾는다

풀밭 사이로 뱀 한 마리 기어가고 있다
잠시 후 KTX 한 마리
나풀나풀 한나절의 포만을 토해 낼 것이다

난 이제 알겠네

난 이제 알겠네
그곳에 늘 바람소리 묻히다 가고
발자국 소리 저물다 가고

난 이제사 알겠네
그들이 밤 내 꿈을 꾸고
아침이면 맑은 창을 열어 재끼고
멀리 수평선 두렁 두렁 건져 올리는 온전한 정신을

밤새 무너져 내린 파도의 숲에서
몸 일으키는 그대여

오래 서 있지 않아도
눈에 익은 향기, 그 그리움의 이름

바람소리

창 사이로 바람이 분다
베란다에 놓인 손가락 짧은 화초들
긴 기다림 흔들어 올린다

작은 몸 가늘게 흔들어서라도
하늘로 키 올리고 싶었던 젊은 날의
함성들이 와와 귓전에 닿고 있다

넓은 들의 물기와 온기를 고스란히
벗어 올린 그리움의 바다
그 창가에 앉으면 들려오는 소리
하얀 토끼풀과 어린 앵두 빛들이 수런거리며 익어가고
바람소리 눈물처럼 길을 내던 곳

나는 무시로
고향 어디쯤에 길을 내고 그 길 속을 걸어간다
이마 위에는 별빛
담장 너머로 여름 꽃들이 사분거리며 지고

오래 머물던 노래

너의 작은 발자국 소리가 먼 곳에서 들려오고 있다

4부

나무는 나무를 키우며

짧은 눈 부딪힘으로 시작된 인연이었다
아가의 손에서 막 꼼지락거리는 작은 꿈이었다
아침이면 햇살을 곱게 빗어 내리고
물기 젖은 이야기로 눈빛을 닦아주고

오늘 깔고 누울 그늘이 없어 서러워도
밤마다 어른이 되는 꿈을 꾸었다
너의 어깨 너머로 돋는 싹,
봇물 넘치는 햇살의 맑은 세레나데
나무는 나무를 키우며 숲을 이루었다

내 안의 들

해마다 이맘때면
어디서 멀리 들려오는 소리
풍기어 오는 내음
나는 동여매었던 생각의 끈을 풀고
잎새 향 곱게 머무는 나의 들로 나선다

오래전 잃어버렸던 내 안의 풍경소리
연두바람이 불고
푸른 새벽이 쫑긋거리고

언덕 위에는 아직도
유성우들이 푸른 불빛을 담아 내리고 있을까
밭고랑 풋내들이 사그랑거리며 익어 갔을 테지
나는
열매 거두어 간 농부의 들 위에 서서
차곡차곡 쌓여가는 하얀 여백의 위로를 주워 들인다

세월의 누런 짚단 위로
겨울은 치렁치렁 머리를 땋아 내리겠지
그리고

작은 기억들이 궁시렁거리며
마지막 남은 화로의 불씨를 태워 가겠지

향기

산에서 열매 하나를 땄다

손끝에 느껴보기도 전에 아찔해오는 혼란

어디쯤에 새겨 넣었던 숫자였을까

긴 공명을 넘어오는 바삭바삭한 향기

유월 초순 담군 매실주
빛깔 고운 가을이 출렁이고 있다

내 생
아득히 밀려다니는 그 깊은 정적들이

어머니의 검버섯

어머니는 스물아홉에 날 낳으셨다
내가 태어나던 그날
그날은 어머니 스무 살 적
머리 얹으신 날
머리 얹으신 지 벌써
예순두 해째 되신다 한다

벚꽃 화사하던 봄빛이
비린내 나도록 왕성하던 그 향기가
뙤약볕 마디마디
이제 꽃들을 피웠다

팔랑이다 주저앉다
망울망울 피어오른
다시는 벗지 못할 만년설 같은
그 꽃

꼭두새벽이면
아련히 가슴팍으로 피어오르는
내 슬픔
버짐처럼 번져가는 꽃

가위질

어제는 서울을 다녀오고
손빨래며 걸레질이며 아침 한나절이 바쁘다
하루가 다르게 웃자라는 생각의 잡초들을 뽑아낸다
잠시도 내려놓지 못하는 저 욕망의 가위질
잘려나간 자리
어느 골목길 돌아 돌아 나온 침묵의 화살표에서
인간의 족보를 읽는다

오늘 하루는

오늘 하루는 기약 없이
그냥 머물다 가는 바람이고 싶다

계절을 잃어버리고도 홀연히 핀 야생화
때가 되면 흩어지고 마는 홀씨들의 약속처럼

저 바람을 보아라
저 줄장미를 만나 보아라
푸른 바람줄기를 얽어매고 붉은 자유를 마음껏 비비적거리는
저 혼신의 재회

가지 끝 작은 바람에도 내가 흔들린다
눈 어두워 눈 어두워
길 잃어버린다

오늘 하루는
그냥 길 위에 떠도는 한 줌 바람처럼

어린 왕자

나는 돈을 벌 줄을 모른다
나는 꽃을 피울 줄도 모른다
나는 세상을 헤엄쳐 갈 줄도
그곳에 어떻게 도착하는지도 모른다

오직 내가 아는 것은 어두운 지붕 아래
먼저 불을 밝히는 것

사람 한가운데를 푹 딛고 갈 줄을
아직 나는 모른다

시간의 음모

당신을 만난 지 이미 둘하고도 반 페이지

십 년이면 강산이 변한다고요

우리에게 두 번씩 산이 온 걸 보내주고
우리에게 두 번씩이나 강이 온 걸 보내 드렸어요

팔랑팔랑한 봄은 스무 번도 더 헹가래를 놓았지만요

조금씩 조금씩 다가서던 시간의 음모들이
통째로 나를 달고 달아난 일도 있었지만요

아름다운 무늬

겨울이 하얀 속살을 내놓고
느리게 저무는 날
꽃샘을 여러 번 치르고서야
더 붉게 타오른다는 진해만의 동백처럼
젊은이들이 만곡灣賈의 터널을 지나가고 있다
겨울 꽃보다 더 붉게 물들어가는 삶의 골짜기
그 외롭고 뜨거운 젊음의 한가운데를

길은 고스란히 멈추어 서고
나뭇가지 사이로 오던 봄은 그림자마저 흔들리고
말없이 아득하기만 하여
끝닿은 데 없이 시려오는 아픔
염주 알 헤아리듯
세월이 한창 자라난 후에야 바람이 할퀴고 간 자국도
아름다움 하나쯤 여닫고 있음을 알아

완성을 위한

방 한구석 옷을 걸 듯
바람을 걸어 본다

늘 폭신거리는 외로움
아직 찾지 못한 혼탁의 미로
내 사유의 가장자리마다 꽃들이 핀다
어제와 오늘이 완성되고 있다
여름을 지나
긴 긴 겨울을 지나

영원히 썩지 않을 영혼으로 짜서 올리는 집
먼 바다의 해조음을 닮은
내 생의 조율

화장

선을 긋는다
고랑져 누운 기억들을 더듬듯 천천히
희미해진 곳에 시간의 활을 당긴다

날마다 선을 긋고도 아직도 길을 모른다
제대로 만든 색깔 하나 입지 못하고
낯선 골목에서 기웃거린다

당기다 끌어안다 스스로 갇힌 세월
그 두꺼운 적막 속에서 노을이 시들어 간다
이마 위로 바람이 달아나고

장미는 붉게 목을 축이고도
돌아가는 길을 잃어버렸다

나의 길

글을 쓴다
글을 쓰면서 나를 만난다
무시로 드나들던 나만의 숲에
아무도 모르는 길 하나 생겨나고
나는 홀로 그 길을 걸으며
초연히 숲이 벗는 바람소리를 듣는다
들릴 듯 보일 듯 흩어지는 쓸쓸한 추억들
사금 같은 언어의 집들이 거기 그 숲 속에서 기다린다
숲을 여는 작은 바람에도 나는
벌처럼 잉잉거리며
영혼의 어린 순들을 들어 올렸다
숲은 가끔
바람소리로 울다
내 잠자는 어깨를 흔들어 깨우고 말없이 사라진다
그럴 때마다 나는
삶의 추위 속으로 들어가
사유의 그릇그릇 불을 밝힌다

글을 쓴다
글을 쓰면서 나를 만난다

다만 여기에서 멈춰 서지 않기를

초여름 햇살이 그림자를 넓혀가듯
시간이 꼬리를 물고 일상의 건널목을 건너듯
나 언제나 여기
여기 아직 머물러 있음은
붉은 여름을 태우는 사루비아
사루비아꽃

바다로 바다로 날아간 철새들의 둥지에는
또 다른 낙엽들이 쌓이고
울산으로 가는 동해남부선 열차는
날마다 낯선 행선객들을 태운다

알알이 피고 진 뒤의 탐스런 열매처럼
그 쾌청한 날의 조화
내가 아직 걸어가고 있음은
떠 있는 모든 것들
지상의 무성한 잎들이 투영해내는 빛살 좋은 무늬들을
다만 멈춰 설 수 없기 때문이다

| 해설 |

서정적 자아회복을 위한 길찾기

나호열(시인 · 경희대 사회교육원 교수)

『하늘을 만드는 여자』는 이성의 시인의 첫 시집이다. '처음'이란 말이 던져주는 설렘과 함께 찾아오는 두려움은 도전과 성숙의 또 다른 양상일 것이다. 새 생명을 잉태하고 고통 끝에 출산의 기쁨을 맞이하는 이 세상의 모든 어머니처럼 시인은 편편의 시를 통해 사유의 뼈를 세우고 살을 만들며 그것들에 영혼을 깃들게 하는 한 권의 시집을 완성한다. 마치 어머니가 되겠다는 막연한 도전이 출산의 고통 끝에 새 생명을 낳고 젖을 물릴 때 성숙의 지경에 이르는 것처럼, 시인들의 첫 번째 시집에는 시인이 살아온 과거와 앞으로 걸어가야 할 길을 짐작하게 만드는 징후가 곳곳에 숨어있게 마련이다. 그래서 『하늘을 만드는 여자』와의 조우는 시인이 살아왔던 과거의 유적지를 통과하여 시인과 함께 언젠가 도달해야 할 이상향을 향해서 자연스러운 동행을 허락하는 셈이 된다.

어쨌든 시집 『하늘을 만드는 여자』는 시인 이성의에게는 매우 중요한 의미를 지닌 정신의 산물産物이며 선물膳物이다. 시인을 아는 사람들에게는 너무도 익숙하여 대수롭지 않은 일이 될지 모르지만 이성의 시인은 시인으로서의 길을 가기 위해서 남다른 노력을 기울인 사람이다. 『현대시의 서정적 자아 연구』라는 시인의 논문은 시인이 반드시 지녀야 할 서정抒情의 의미를 되짚어보고 그 서정을 담지하는 자아自我의 정립을 통해서 시의 힘찬 첫걸음을 내딛고 싶어 하는 염원의 사례로 짚고 넘어가야 할 대목일 것이다.

시인이라면 누구나 마땅히 지녀야 할 '서정'은 시인이 구축하고 있는 자아의 양상에 따라 그 의미의 진폭은 커질 수밖에 없다. 무생물과의 대화, 자아와 세계와의 동일화를 '서정'이라고 확정하는 것은 오늘날에 있어서는 그리 유효해 보이지 않는다. 이미 깊어질 대로 깊어진 유물唯物의 이데올로기, 이미 너무 멀어진 자연과의 간극間隙은 쉽게 고전적 서정의 자리를 허락하지 않는다. 기계화된 자아, 디지털화된 감각적 사고는 고전적 서정과의 합일을 오히려 기계적 조작으로 몰아세우는 양상이기도 할 터이니 말이다. 그래서 한 걸음 더 나아가 '서정'을 이야기할 때 현대의 공포와 전율, 분열과 불안 등이 고전적 서정의 부록이 아니라 오히려 서정의 전면에 등장한다는 사실을 인정하지 않을 수 없는 것이다. 그런 까닭에 넓디넓은 서정의 울타리 안에 갇혀 있는 '세계'를 어떻게 시인의 자아 속으로 끌어들일 것이며 그 '세계'가 자아 속에서 어떻게 반응하고 작용하는가에 대한 탐색이야말로 오늘날의 시를 즐겁게 읽고, 삶의 양식으로 받아들일 수 있는 방편이 될 것이다. 한마디로 '세계'를 지나치게 강압적으로 자아로 끌어당기게 되면 시는 고전적 서정에 머무르게 되고 자아가 '세계'와 반발하며 튕겨낼 때 본질의 해체와 무화無化의 서정이 강화될 것이다.

『하늘을 만드는 여자』의 독법은 시인이 규정하고 있는 서정의 영역, 시인의 자아와 함축된 세계가 어떻게 만나고 길항拮抗하고 있는가를 살펴볼 때 보다 투명하게 드러날 것으로 보인다.

시인의 촉수를 건드리는 것은 말할 나위 없이 나를 둘러싸고 있는 인간과 자연의 현상이다. 그러나 보통 사람들과는 달리 시인은 현상으로 드러나는 존재의 의미에 대해서 예민하게 반응하고 철학자처럼 그 반응의 본질을 규명하고 싶어 하는 존재이다. 본질은 항구한 것이기 때문에 본질을 이해하고 인식한다는 것은 생명의 영원성을 확보한다는 의미와 상통한다. 이를테면 혹한에 온몸을 웅크리며 '날이 몹시 춥다'는 인식은 일반적이지만 날이 몹시 추워 '온몸을 웅크리는' 행위가 무엇을 의미하는가를 묻는 것은 과학적 인식을 넘어서는 특수한 인식이다. '유리를 닦는 일이 마음의 얼룩을 지우는 행위'(「투명함에 대하여」)로 인식하는 것이, 더 나아가서 '투명해지도록 닦는다는 것은/나를 빤히 들여다보는 일이다' (「투명함에 대하여」)로 이행하여 가는 심리적 변화는 과학이나 철학이 감당할 수 없는 인식의 영역, 즉 서정과 자아의 작용이 아니면 해명할 수 없는 부분이 될 것이다.

왜 시인은 일반인들이 꺼려하는 인식(추리)의 도약을 행하면서 문자文字로 읽히기를 원하고 있는 것일까? 밤이 되면 아무 거리낌 없이 우리는 전등을 켠다. 전등불 아래서 우리는 낮과 다름없는 일상적 행동들을 불편 없이 수행한다. 이 불빛은 우리의 의식과는 상관없이 어둠 속으로 뻗쳐 나간다. 아주 먼 곳에서 어느 사람이 이 불빛을 만난다. 길을 잃었거나 허기지고 지쳐서 쉴 곳을 찾는 사람에게 이 불빛은 희망의 메시지일수도 있고 구원의 안내자가 될 수도 있다. '글을 쓴다/글을 쓰면서 나를 만난다' (「나의 길」) 는 시인의 행위는 자신의 존재를 증명하는 행위이지만 동시에 타자들에게 의도하지 않는 메시지를 전달하는 매개자이기도 한 것이다. 이와 같은 증언은 다음의 시에서 분명하게 드러난다.

나는 돈을 벌 줄을 모른다
나는 꽃을 피울 줄도 모른다
나는 세상을 헤엄쳐 갈 줄도
그곳에 어떻게 도착하는지도 모른다

오직 내가 아는 것은 어두운 지붕 아래
먼저 불을 밝히는 것

사람 한가운데를 푹 딛고 갈 줄을
아직 나는 모른다

—「어린 왕자」 전문

위의 시는 '한 개인인 이성의가 왜 시를 쓰는가?' 에 대한 적절한 응답을 해주는 것으로 보인다. 일상인으로서 무력하고 무능한 존재는 어두운 지붕 아래 먼저 불을 밝히는 일(시를 쓰는 일)을 할 수 있을 뿐이고, 그 불이 사람 한가운데를 푹 딛고 갈 줄을 아직 모르는(시를 통하여 타자와의 평화로운 소통이 가능한가의 여부)자신에게 던지는 다짐과도 같다. 여전히 시인에게 타자와 타자들의 세계는 불안정하고 그 불안정 때문에 불안한 것이다. 물론 그 불안정과 불안은 시인이 스스로 야기한 문제임이 틀림없다. 왜냐하면 자신의 완벽성을 추구하는 습성이 자신을 자빠트리고 있음을 고백하고 있기 때문이다.

나는 가끔
완벽이라는 추상에 걸려 자빠지곤 한다
그 자국이 크면 클수록 좁아져만 가는 생
허물어지는 시간을 만난다
아무도 오지 않는 저녁이면 골목에 혼자 우두커니 서

폐부 깊숙이 지나가는 세상바람을 생각한다
(중략)
내가 알지 못하는
내가 걸어 가 보지 못한 그들만의 둘레
낯선 골목 낯선 보도블록의 냄새들이 회색빛처럼 깊어만 가는
길 저편으로
나의 골목이 마구 달아나고 있다

—「이방지대異邦地帶」 부분

한마디로 시인에게 있어서 세계는 낯설고 타자들과의 관계는 서먹하다. 그러나 세계의 낯설음과 타자들과의 소원함을 일반화하여 그 현상들을 비판하거나 비난의 눈길을 보내는 것은 아니다. 어떻게 하든 세계와 타자와의 안온한 소통과 화해를 꿈꾸면서도 그 소통과 화해가 탈자아脫自我의 모험이 이루어지지 않으면 불가능하다는 점을 받아들일 때 시인의 서정은 점점 더 폐쇄적이고 자폐적인 상황으로 미끌어 들어가게 된다.

이와 같은 폐쇄적이고 자폐적인 성향은 어디서 기인한 것인가? 분명 이성의 시인이 정의한 '서정'은 시인의 외부(자연 또는 타자)의 현상과의 일체감, 동질감의 성취와는 거리가 있음이 틀림이 없다. 외부의 현상을 과학적 인식의 틀로 받아들이지 않으면서도 낭만적 정조로 해석하지도 않는 시인의 태도는 『하늘을 만드는 여자』 전 편을 관통하는 수사修辭의 건조함에서

도 쉽게 발견할 수 있다. 시인의 '서정'을 움직이는 '자아'는 '완벽이라는 추상'에 몰입되어 있는 자아인 까닭에 강우降雨, 눈, 바람, 태풍 등의 자연현상이나 개화, 낙엽 등의 생명활동, 노숙자 등과 같은 음습한 삶의 풍경까지도 몽환으로 가득 차게 되는 것이다. 이것은 치열하고도 치명적인 아픔이다. 왜 우리는 봄날의 꽃들에 환호하고 가을의 단풍과 겨울의 눈밭에 시린 눈을 닦는가? 꽃들이 풀과 나무들의 남성의 성기이며 목련 꽃잎이 북쪽으로 잎을 뉘인다는 과학적 진실을 외면하고 삶의 화양연화에 대입하는 자의적恣意的 감흥에 도취하는 것이 '서정'의 달콤함이라는 사실을 모를 리 없는 시인이 그 달콤함을 완강하게 거부하는 까닭은 삶의 끝이 어디인지를 알고 있으며 그 비극에 아직 굴복하거나 타협하고 싶지 않기 때문이다. 시 「분수」를 읽어보자.

> 밤 인파 사이로 물길이 치솟는다
> 온갖 무지갯빛 의상을 입고 하늘로 하늘로 솟아오른다
> 낮게 높게
> 둥글게 엇갈리게
> 구부렸다 폈다
> 누웠다 앉았다
> 일상의 행렬들이 뒤섞여 춤을 춘다
> 그래 삶은
> 끝없이 오르다가 언젠가는 떨어지고야 말지
> 서로 끌어안다 헤어지고

서로 등을 돌리다 다시 만나고
그래 삶은
무리지어 오르다 언젠가는 홀로
물안개 되어
사리지고 말지

분수는 인간이 오육백 년 전에 고안해낸 인공 구조물이다. 조경과 관상을 위해 만든 구조물에 인간이 환호하는 것은 유한한 인간이 무한의 존재인 신을 고안해 낸 것과 일맥상통한다. '특별히 달라질 것도 좋아질 것도 없는/나지막한 하루/그 틈과 틈 사이에서 꽃들이 진다' (「탑돌이」)는 삶의 권태는 법과 놀이, 종교와 같은 여러 제도들을 만들어내는 결과를 이루어내었다. 분수도 그와 마찬가지로 억지로 물을 허공에 뿜어내도록 만들어 놓고 잠시간의 열락에 생명의 소멸을 잠깐 잊게 만드는 최면제에 불과할 것이다. 시인은 그 분수를 예리하게 관찰한 끝에 '서로 끌어안다 헤어지고/서로 등을 돌리다 다시 만나고/그래 삶은/무리지어 오르다 언젠가는 홀로/물안개 되어/사리지고 말지' 라는 체념과 냉랭한 관조에 이르게 되는 것이다. 이 끊임없는 체념의 강화는 어쩔 수 없는 굴복이나 타협이 아닌 정정당당하게 유한한 삶에 맞서고자 하는 자아의 의식작용이다. 그러나 시 「도시의 얼굴」에 이르러 시인의 의식은 미묘한 변화를 일으킨다. 밀림화 된 인간이 '그들은 가끔 강이 되어 흐르고도 강이 벗는 울음소리를 모르' 고, 이제 '싱싱한 여자들의 자궁 속에서도 별들은 자라지 않는' 불임의 세태를 증언하면서도

'마침내 지구는 해빙을 시작하고 기다리던 그들의 저녁 별들이 다시 반짝이기 시작했다' 고 부언하는 것이다. 이 마지막 구절은 무척 작위적이지만 시인이 끝내 잉태하고 싶은 꿈이 무엇인가를 설핏 드러내는 중요한 길목이라고 생각된다. 이를 더욱 구체적으로 드러내는 시 한 편을 더 읽어보도록 하자.

오월 안개 같은
길 하나를 보았어

여기쯤에
이른 아침 하얀 풀꽃들이 덮이는 논두렁이 있고
저기 밭 고랑 너머로 좋아하는 제비꽃 붉은 자운영이
흐드러지게 피었어
어머니의 살결을 닮은 하얗고 보드라운
버드나무 숲 바람소리도 있었지

수놓은 무명 앞치마
실크 머플러를 살포시 두른
고향이 걸어오고 있었어

—「길 하나를 보았어」 전문

「길 하나를 보았어」는 이미 변화해버린 과거에 대한 회상이다. 지금 시인이 바라보는 아스팔트가 깔린 아지랑이가 가물거리는 광폭의 도로가 예전에는 논두렁, 밭두렁이었을 것이다.

옛길을 새 길이 덮어버리고, 허물어진 집터에 잡초가 무성하지만 흙으로 표상되는 대지의 힘은 강한 생명의 복원력을 발휘하여 그 본질을 회복할 것임을 믿어도 좋을 것이다. 굳이 융합의 원리를 설명하지 않아도 인간을 포함한 자연과 세계는 동전의 양면의 가치를 지니고 있다. 우리가 슬픈 까닭은 기쁨의 기억이 사라지지 않았기 때문이다. 괴로움에 괴로워하는 까닭은 즐거웠던 시간을 추억하기 때문이다. 생명의 복원력이라고 힘들여 이야기한 부정의 부정은 끝내 긍정의 성취로 이끌어져야 마땅할 것이다. 쉽사리 시인이 낭만에 기대지 않은 까닭이 서서히 그 실상을 드러내는 이와 같은 형국은 시집 『하늘을 만드는 여자』를 가볍게 여기지 못하게 하는 흡인력과도 상통한다.

시집 『하늘을 만드는 여자』의 성취는 '서정' 과 '자아' 에 대한 성찰이 시인의 인간됨의 목표와 부합되고 있다는 점에서 일 것이라고 단언한다. 화려한 수사로 덧붙여진 상상력의 발화는 시를 읽는 무한한 즐거움을 선사한다. 우리가 미처 알지 못했던, 알면서도 무심히 지나쳤던 일상과 사건의 배후를 드러내는 이른바 발견의 시에 무한한 감탄을 보낸다. 득도의 경지를 넘어선 예지의 시에 눈물을 흘리기도 한다. 그러나 시집 『하늘을 만드는 여자』의 성취는 이와 같은 경지와는 사뭇 다른 곳에 있다. 이 글의 서두에서 잠시 소개한 시 「나의 길」에서 '글을 쓴다/글을 쓰면서 나를 만난다' 는 시인의 언명은 투박하면서도 그 투박함 만큼의 진정성을 담보하고 있다는 점에 유의해야 한다는 말과 일치한다. 이는 옛 선인들이 시문詩文을 익히고 다루는 목적을 수기치인修己治人에 두었음을 상기하는 것만으로도 충분한 해명이 될 것이다. 내가 오늘 밤 켜고 있는 이 등불이 저 홀로 퍼져나가서 나그네나 길 잃은 이에게 닿는 것은 이 등불로 내가 편지를 쓰고 시집을 읽고 난 후에 벌어지는 부차적인 결과인 것이다.

그녀는 오늘도 그 자리에 있었다
커다란 눈망울로 이 골목 저 골목을 끌어당기며
살집 도톰한 시간을 헤엄쳐 가고 있었다

날고 싶었다
생이 가장자리를 조금씩 넓혀갈 때마다
찢기고 멍든 상처들이 세월의 등성이에 물들어 누울 때마다
날개 하나씩 달고 싶었다
작은 골짜기를 훨훨 날아 대양을 건너고 샛강을 따라 천천히 누우면
빨갛고 노란 꽃들이 피어날 것만 같아
피어날 것만 같아
어머니 열 달 뱃속을 채운 아가의 첫 울음
그 그리운 안간힘으로

언제 찢기어질지 모르는 불법체류 부피 얇은 옷으로
낯선 세상 낯선 불볕의 땅을 수도 없이 날아오르고 있다
과일 가득히 실은 3톤 트럭의 향기로 하루 종일

하늘보다 더 높은 그녀의 하늘을 이어 대고 있다

날갯짓 처음 파닥이던 하늘 그 가까이로

—「하늘을 만드는 여자」 전문

시인 이성의의 꿈은 '하늘을 만드는 여자'가 되는 데 있다. 모든 것을 포용하되, 모든 것은 갖지 않는 하늘의 경지는 과연 어떤 것일까? 왜 '하늘을 만드는 사람'이나 '하늘을 만드는 신'이 아니고 하늘을 만드는 '여자'이고 싶어 하는 것일까? 생명을 잉태할 수 있는 자궁을 지닌 존재는 여성이다. 그 여성은 사람을 낳는 것이 아니라 하늘을 낳는다. 누구나 가질 수 있고 무엇이든 담을 수 있는 하늘을 만들고 싶어 하는 시인의 염원은 한갓 몇 줄 시를 끄적이는 재주나 염원만으로는 어림없는 일이 될 것이다. 이제 시집 『하늘을 만드는 여자』가 산고를 겪은 끝에 세상에 얼굴을 내밀 때가 되었다. 설렘과 두려움이 시인 이성의의 먼 길 앞에 신발 한 켤레로 놓일 때가 되었다.

부디 시를 쓰기 위해서 시인이 된 것이 아니라, 시인이 되기 위해서 시를 쓰는 존재가 되기를!